유명한 무명시인

빛나는 시 100인선 · 19

유명한 무명시인

권천학 시선집

인간과문학사

• 시인의 말

가끔, 부자는 돈이 많아서 유명하다.
그러나 유명하지 않다.

열 권의 시집을 내었지만, 나는 유명하지 않다.
그러나 나는 유명하다.
나는 유명有名한 무명시인無名詩人이다.

열 여덟에 쓴 '학鶴'과 '기旗'로 시를 만났고, 마흔을 넘어선 첫 해, 뜻밖의 화재로 모든 것을 잃고 숨이 막힐 것 같던 순간에 그동안의 삶이 내 것이 아니었구나! 섬광이 스쳤다.
다시 시작하기 위하여 뭔가를 해야 했다. 여기저기 실린 시들을 그러모은 것이 딱 41편, 나의 나이와 같은 숫자였다. 아하!
드디어 나는, 마흔한 마리의 물고기들을 방생시키는 축전祝典을 벌였다.

첫 시집 ≪그물에 갇힌 은빛 물고기≫였다.

그 후, 지금까지 시에게 까탈을 부리면서도 시와 동행하며 시인으로 살았다.
바다로 떠난 은빛 물고기들도 어느 물살엔가 살아있을 것이다.
이번의 시선집은 미흡하지만, 가끔 꿈에 나타나는 것들을 건져 올려가며 시와 함께 한 오십년을 정리하는 뒷풀이다.
다시 떠나기 위하여 두두리 춤으로 시작하는 뒷풀이 축전!

이 축전이 끝나면 나는 또 떠날 것이다.

2015년 1월.
권천학

빛나는 시 100인선 · 19

유명한 무명시인
차례

시인의 말

1부 두두리 춤
홍어좆 12
도덕 불감증 14
살앓이 · 위선 16
신 놀부 타령 17
먹이사슬 20
널빤지와 기둥 21
사람이 그립다 22
살앓이 · 혼선 24
아니리 춘향가 25
살앓이 · 놈 31
살앓이 · 탈수되고 있다 34
그곳엔 있을까 36
슬픔 한 올 38
두두리춤 39

2부 사랑, 그 낡은 이름이
동침 42
깊고 깊은 밤 44
일몰의 바다에서 45

전설　46
피리·나로 하여금　49
피리·누구인가　51
삶의 원론　53
넘치지 않음은　54
공수골　55
용문사 은행나무　57
물의 나라 새벽　60
나의 사랑은　61
사랑, 그 낡은 이름이　63
봄 예감　65

3부 $2H_2 + O_2 = 2H_2O$
나무로 지은 집　68
목수의 아내　70
삶의 중심으로 떠나는 여행　71
아버지의 바다　73
사철감기　75
장작패기　78
우리 중에 누구는　80
살앓이·후회　81
살앓이·통증　83
살앓이·편두통　85
팡이네 집　87
빈처　89
$2H_2 + O_2 = 2H_2O$　90

4부 꽃의 자서전

그물 94
꽃을 위하여 96
중년 97
연등 99
이올리안 하프가 있는 창가에서 101
사랑은 꽃몸살 103
고산죽 104
목탁이 된 나무 105
첼로가 된 나무 106
겨울섬 108
갈망 109
그대는 내게 110
등나무 꽃 넝쿨 아래서 111
꽃의 자서전 112

5부 괴테의 과수원

안개 114
유명한 무명시인 116
떼 118
고독 바이러스 120
유리문 중년 121
단풍 122
황산의 나비 123
그리운 섬 홍도 125
멍텅구리배 127

빈 섬 집 128
홍도·슬픈여 130
홍도·주전자바위 132
괴테의 과수원 134

6부 산호도시

그 오랜 이름 사랑에게 138
사는 맛 140
누구든 포로다 142
제재소 옆을 지나며 143
바퀴가 있는 거리 145
가을 기도 147
강우기降雨期 149
아침나비 150
이사 152
4월의 눈 154
야생화 155
산호도시 156
용왕님전상서 158
4월, 팽목항의 절규 161

·권천학의 시세계
살앓이 혹은 마음 낮게 내려놓기 |
유한근(문학평론가·디지털서울문화예술대 교수) 163

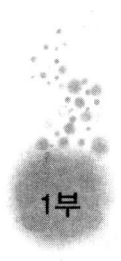

1부

두두리 춤

홍어좆
- 초록비타민의 서러움 혹은 · 19

우리는 맥없는 공
만만하다는 홍어좆만도 못한 공이다

높은 사람들이 휘두르는 골프채에 맞아
그들의 목표대로 날아가 주어야하는,
때로 빗나가기도 해서
짭짤한 힘의 맛을
그들에게 제공해야 하는,
알아서 튀거나
맞고 튀거나
튀는 건 다 같은 튀는 거라고
흰소리로 가슴 쓸어내리는
좆도 아닌 공

고상한 사람들이 즐기는
테니스 라켓의 그물 망 위에서
튀는 햇살에 뭉쳐져

치는 대로 통통 튕기는, 튕겨지는
때로 빗나가서
게임의 묘미를 더해주는
소프트 혹은 하드

도덕 불감증

총을 훔쳤다
가늠쇠가 떨어져 나간 훔친 총에서
화약 냄새가 폴폴 났다
탄두에 물이 스며들지 않도록
폐유廢油를 발라 두었다
그럴싸하게 탄띠에 해골 문양을 새기고
탄창 가득히 총알을 꼭꼭 장전했다

무료함을 덜기 위해
불법무기를 소지한 채
매연의 거리를 어슬렁어슬렁
너무나 조용하여 심상찮은 나날을 향해,
심심한 심장의 가운데쯤을 향해,
안전핀을 뽑고,
방아쇠에 손가락을 걸고
정조준

주머니 속에서 꼼지락거리던
실뱀이 눈을 떴다

양심이 근질거려 참을 수가 없었다

탕!

살앓이 · 위선

입덧하는 여자처럼
속이 메슥거렸다

남몰래 자라는
간통의 씨앗
자꾸만 작아지는 옷매무새를
끌어당겨
가장 부끄러운 그 곳을
가리고 싶었다

신 놀부 타령
- 놀부의 넋두리

얼쑤, 세상 사람인심 좀 보소

속절없는 여름비에 옷 적실 내 아니지만 이런 답답한 경우가 있나!

배운 것 없어 증권투자 넘보지 않고 봇장 없어 땅 투기 꿈도 꾸지 않았는데 놀부 심뽀가 어떻다고?

얼쑤, 잘 돌아간다

사사건건 속 보이는 조작놀음 숫자놀음에 놀아난 바 없고, 그 흔한 복권이나 딱지 한 장 손에 쥔일 없는데도 까닭 없는 뜬소문으로 밀어붙이고, 잔가지에 이는 바람 홍수에 물 불어나듯 하는 세상이고 보니

이만한 처지면 노류장화路柳墻花에 화초첩花草妾 두엇 쯤 거느릴 빕함을 자타가 인정하겠지만,

내 본디 천성이 맑아

누대累代에 걸친 가풍을 더럽히지 않고자 아예 두문불출,

화초장 등에 지고 입심 굵은 마누라와 심심파적 소일하는 터,

일찌거니, 내 분수 알아채고

제법 한다하는 사람들이 써먹는 말로 마음 비우고 말고 할 것도 없이

내 이름자에 타고 난 운수대로 살면서 사주팔자에 실리지 않은 자식 탐내지 않고,

친척 인척 줄줄이 늘어서는 꼬락서니 보기 싫어 하나 있는 혈육이나마 정갈하게 다스리는데

어라, 세상 사람들 제 집 기둥뿌리 썩는 줄 모르고 남의 말하기 쉬워 함부로 내 말하니 이 아니 답답한가

사람 먹는 음식에 독毒 넣어 놀부밥 만들고, 아무 데나 시키면 매연과 고약한 냄새 뿜어내고, 안 보이는 곳에 스을쩍 폐수廢水와 정액精液을 빼내면서 눈 가리고 아웅하는 치들이 어디 한둘인가?

그러고도 누가 감히 놀부 심뽀 들먹여?

나, 이래봐도 이름 빙자하여 국록國祿 빼돌린 일 없고, 권력 휘둘러 거둬들인 거 없고, 금박金箔 명함으로 겁주고 기

죽인 일 없고, 골프 폼 잰 일 없고, 고스톱 판에는 끼어 든 일 없는 보통양반으로,
　바라건대, 더도 덜도 말고 물려받은 유산 온전히 간수하려는 것뿐,
　굳은 땅에 물 괴는 이치 왜들 몰라?

　내게 흠이 있다면 제비다리 분지른 정도인데 그야 털어 먼지 적당히 나야 제격인 요즘 세상에 너무나 인간적인 모양새 아닌가베, 그만한 배알도 없으면 어찌 놀부로서 체면 유지가 될꼬,
　혀서, 무책임하게 퍼지르고, 힘 안 들이고 호박이 덩굴째 굴러오길 노려 남의 눈치 살피며 손바닥 비벼 만두 잘 빚어 내고, 눈물 콧물 짜내며 굽신대는 기회주의자 흥부놈 처세에 비하면 백 번 낫지

　암, 낫고 말고
　형만한 아우 없다고 옛말 그른 것
　하나도 없는데, 얼쑤!

먹이사슬
― 초록비타민의 서러움 혹은 · 55

상어 떼는 참치 고등어를 떼로 잡아먹고
참치 고등어는 멸치를 잡아먹고
멸치는 새우를 잡아먹고
새우는 플랑크톤을 잡아먹고……

플랑크톤은 크릴새우 님에게 먹히고
크릴새우는 멸치 씨에게 먹히고
잔챙이는 중간치에게 먹히고
크든 작든 가리지 않고 먹어치우는
고래등살에 넓디넓은 바닷길 피해 다니지만

무적無敵의 고래 놈은 결국
바다에게 통째로 먹히고 만다

먹고 먹히고
먹히고 먹고
바다는 늘 피투성이다

널빤지와 기둥
- 나는 아직 사과 씨 속에 있다

널빤지는 바다를 건널 때 좋고
기둥은 쓰러진 집 일으켜 세우는 데 좋다

널빤지는 바람막이에 좋고
기둥은 깃발 달기에 좋다

널빤지는 꺼진 곳 받쳐주고
기둥은 부러진 곳 덧대어준다

널빤지는 기둥이 있어야 든든하게 이어지고
기둥은 널빤지가 있어야 벽이 되어 일어선다

우리들 숲에서 서로 기대고
팔 뻗어 손잡는 건 그 때문이다

사람이 그립다

누구, 나사 틀이 없어요?
흙탕물에 휩쓸려 떠내려가는 동안
녹이 슬어 굳어진 관절을 좀 풀어주세요

바짝 조여진 목숨으로
누구, 나처럼 숨 쉬기조차 힘 든 사람 있다면
내가 가진 송곳으로 뚫어드리죠

세상바다를 함께 건너는
동반의 구간 비좁은 통로에서
서로가 못이 되었던 시간을 지나
풀어진 나사 조여 주고
굽어진 못을 펴주면서
때로는 송곳이 되어
막힌 가슴 뚫어도 주고
망치가 되어
잘못 삐져나온 못대가리 두드려

확실하게 사는 방법을
못 박아주는
누구, 공이 박힌 손 좀 주세요

살앓이 · 혼선

"여보세요 여보세요 여보세요 여보세……"

"지금 거신 번호는 응답자가 서비스권 밖에 있거나 전화를 받을 수 없는 상황이므로 잠시 후에 다시 걸어주십시오"

계속되는 통화 중
주파수가 맞지 않는 혼선

"지금 거신 전화는 없는 전화 번호이거나 결번이오니 번호를 확인한 다음 다시 걸어 주십시오"

확인 할 수 없는 번호
계속되는 전파방해

"지금 거신 전화는 없는 번호이거나……"

그래, 맞아!
나는 없는 사람을 알고 있었어!

아니리 춘향가
- 춘향 · 3

소문이란 본시 믿을 게 못 되는 것

어둡고 때 낀 과거를 지울 수 만 있다면 무슨 짓인들 못할까

해서, 각색하여 퍼트린 자전적自傳的 소설이 베스트셀러가 될 줄이야, 요즘 같으면 저작권 수입만으로도 짭짤할 텐데……

하여튼, 소문은 꼬리에 꼬리를 물고, 꼬리에 꼬리에 방울을 달고……

내 친구 애랑이 고 기집애

장난기가 좀 심해서 탈이긴 하지만 그래도 애교 있어 그 바닥에서 주가 올리다가 얼굴값 하느라고 ≪베비장전≫ 주연자리 따내어 영화판에 나서더니 요샌 국제영화제 진출을 노린다하고

천박하고 약아빠져 하는 일마다 눈총 받는 일만 골라하던 밉살댕이 추월이 고년은 눈총? 흥! 콧방귀로 밀어붙이고

화냥기 밑천 삼아 희번득 요사부리며 열쇠고리 쩔렁이더니 제 버릇 개 줄 리 없다고 요샛날 영동으로 옮겨 앉아서도 생긴 대로 놀면서 그저 수표에 박힌 동그라미 숫자만 꿰어내느라 눈알이 시뻘겋다니 쯧쯧, 혹시 뽕은 안 쓰는지 몰라

  아무리 그렇고 그런 판이라 해도 양심이라는 게 있어야 하거늘 이그! 정나미 떨어져

  머리에 든 것 많아 제법 고상하게 놀던 황진이
  가슴 또한 유난히 깊어 보기 드문 멋쟁이 지성인이 됐지 갠, 가야금 잘 타던 솜씨로 사내 어우러 타는 솜씨 또한 뛰어나나 송곳 같은 정에 약한 것이 흠이 되어 못 견뎌 지는 마음 원고지 칸칸마다 꼭꼭 쟁이더니 나와는 노는 판이 달라 얄밉긴 하지만 지금도 이불 속으로 시냇물 소리 끌어들여 밤 허리 적시고 가야금 줄마다 문장 풀어 얽어매고……. 가끔씩 시 낭송에도 불려 다닌다지 아마

또 있지 빠트려선 안 될 내 친구

　요절해서 가슴 아프게 한 논개년말야 하기사, 가끔 보면 일찍 죽어 빛나는 사람들도 더러 있더라만,

　사주마다 개가 끼어 어려서부터 개라 불리더니 끝내는 웬수 같은 왜장 새끼 물어뜯고야 말았으니 그러고도 남을 일이지

　내 친구 중에 제일 먼저 세상을 떠났지만 그깟 죽고 사는 게 어디 대순가

　요샛날 살아서도 죽은 목숨으로 뵈는 개뼉다귀 같은 사람들에 비하면 죽어서도 살아 있는 논개가 개 같은 세상에 사람 같은 사람이지

　남 얘기 해 놓고 내 얘기 안 할 수 없어 털어놓는 얘기지만 나 춘향이는 내세울 게 하나 없는 얼치기 반쪽 양반으로 태어날 때부터 한恨이더니 불우한 어린 시절 맺힌 설움만으로도 한 짐인데 출신성분 독하게 따지는 세상에서 내림기생이라니 죽고만 싶은 심정이라

어둡고 때 낀 세월을 지울 수만 있다면 조상 묏자린들 못 팔아먹을까

남 설움에 내 설움 실어 우는 사람 마음 다 한 가지로 입에서 입으로 가슴에서 가슴으로……
한 마디로 내 출세는 덩달아 춤추는 세상 덕이 반이고 나머지 반의반은 터트려 준 매스컴 덕, 터졌다 하면 와 몰리는 무리들 곧잘 따라 웃고 따라 우는 순진한 사람들 애간장 노려 도화선에 불붙이듯 살짝 건드려 준 것뿐인데 꼬리에 꼬리에 거품을 물고, 꼬리에 꼬리에 바퀴를 달고……
시끌벅적한 세상 정치 문제 노사문제 게다가 교원노조까지 들어 가뜩이나 지친 사람들에게 달짝지근한 연애얘기에 눈물 살짝 발랐지 뭐

친정식구 같은 우리끼리니까 하는 얘긴데 본디 찬스 포착에 강하고 연극에도 소질 있던 나 춘향이 아닌가
속으로 칼 갈며 때만 노리던 터에 운 좋게도 꽃다운 나이

때 맞추어 바람기 있는 미스터 리를 만났으니 그 또한 왔다 였지,

   솔직히 말해서 출세 싫은 사람 있을까, 속보이는 소리 그만들 하라고 혀

적당히 주무르고 삶아서 신분보장부터 받아놓고 그네 줄 밀고 당기듯 사내 속 녹여내는 연출에 열정을 다 쏟아 열녀라는 덧이름까지 이력서에 새겨 넣었으니 그게 다 속 두고 한 짓이라, 은근 슬쩍 미스터 리 뒷대 눌러가며 받아 둔 문서 덕으로 일테면 난 기생출신 VIP가 된 셈이지,
   이만하면 나도 이 바닥에서 썩긴 아까운 인물이라
   요즘 것들은 몰라 눈에 뵈는 것밖에

젊은 날의 모험적인 활약으로 지금은 제법 그럴듯한 네임 벨류 지니고 살면서 한자리 하고 있는 내 남편 이 서방에 걸 맞추느라 여가선용 삼아 사회활동도 적당히 하는데 그 중에, 지난날의 행적이 적극적인 여성상으로 평가받아

여권협회에도 고문 격으로 앉아서 간간이 신문에 얼굴도 내밀고 남편의 내조도 반들반들 해내는데 끝이 없는 게 사람의 욕심이라 살기 이만 허니 아무도 모르는 야무진 꿈 또 하나 갖게 되었으나 아직은 말하기 좀 곤란해

 사람팔자 시간문제라고 그깟 베스트셀러 작가로 머물 순 없고 내 친정 식구 같은 우리끼리니까 하는 말인데 말이야 저어……, 거시기……, 있잖아……, 하여튼 말이야 내 실력쯤이면 누구처럼 무지막지하게 휘둘러서 감당 못 할 만큼 저질러놓지도 않고 촉새 마냥 낄 데 안 낄 데 마구 끼어 드러나게 미움을 사지도 않을 것이며 적당히 품위 유지해 가며 아니, 기가 막히게 잘 한번 해 볼 텐데, 끝내 주게 잘 해서 요게 진짜 ≪춘향전≫ 주인공이다 하고 꽝 터트릴 텐데……

 춘란春蘭 향기 한 번 기차게 뿜어볼 텐데……

 오늘 밤 퇴근해 온 남편 또 한 번 주물러 놔야지

살앓이 · 놈

누군가가 늘 뒤쫓아온다
밤낮으로 행동을 감시한다
잠과 꿈 사이까지 헤집는 갈퀴눈깔
어디론가 타전하는 소리도 들린다
너와 나 사이, 나와 나 사이
삶과 죽음 사이에서 늘 불안하다

모습을 드러내지 않는 놈을 피하여
어두운 골목으로 꺾어들기도 하고
밝은 대낮 군중들이 만들어 내는
그늘 속으로 스며들기도 하면서
아슬아슬 벌려야하는 곡예
단단히 조여 오는 쇠사슬
낯익은 길에서도
놈이 쳐 놓은 덫에 걸려 넘어지기까지 한다

도둑고양이 같은 놈,

좋아! 방법을 바꾸겠어
잡아내고야 말겠어

썬팅된 카페의 구석자리
방금 내가 떠다니던 그 거리에 햇볕 여전하고
무심하게 흘러가는 사람들의 물결 여여해서
수상한 기미가 보이지 않는 게 오히려 수상하다
방금 전 내가 섞여있던 그 물결 속의 무심한
그들 중의 누군가가
썬팅을 보는 순간 움찔
보이지 않는 안쪽을 경계하며 달아난다
이럴 수가!

서로가 서로의 등 뒤를 캐는 미행자였어!
쫓고 쫓기는 시간의 술래였어!
맞아, 아냐, 신경과민이야
비로소 안도의 숨을 쉬며 술잔을 드는데

깍!
술잔 바닥에 도사리고 앉아
도끼눈으로 노려보고 있다
놈이!

살앓이 · 탈수되고 있다

고속으로 돌아가는 회전 속도에 치어
뒤엉킨 세탁물들이 아우성이다
윙윙거리며
덜컹덜컹 돌아가는 세상살이에 걸려
멀미를 앓으며 넘어진 근육들이
마비의 경련을 일으키고
동맥경화의 혈관들이 터져
검은 핏물을 쏟아낸다
주머니 속에 접혀 넣어진 양심이
울컥울컥 토악질을 해대고
옷 솔기 사이사이에서
먼지들이 끌려 나온다
빳빳하게 깃을 세우던 자존심도
기진맥진해져서
땟국의 소용돌이에 휩쓸려 다닌다
자꾸만 맑은 물을 들어붓고
강强 버튼을 눌러 댄다

반복되는 배수와 헹굼
만신창이로 널브러진 옷가지들이
꼿꼿하게 탈수되고 있다

그곳엔 있을까

세포를 갉아먹는 산성비에 젖어가며
비닐에 쌓여 썩지도 못하는
고향을 포기한 채
체질마저 바뀌어 신음하는
몸뚱이 부려놓고
독극물로 벼를 키워야 하는
고향을 포기한 채
엘리뇨로 미쳐가는 이 여름

나 이제라도
바다 건너 저 먼 외딴 섬으로 갈거나
산삼뿌리 키우는 깊은 산 중
두메 찾아갈거나

그곳엔 아직도 등잔불 켤
너와지붕 있을까
그 곳엔 아직도

뜨거운 우리의 심장 한 쪽
가난한 세간 들어앉힐
나지막한 귀틀집 한 채 있을까

고향집 벽장 구석에나
버려진 헛간 시렁 위에나
플라스틱 사랑으로 변해 가는
당신과 나의 희미한 기억 속
어느 귀퉁이에나
이 빠진 모습으로 처박혀있을
혹은 없을 지도 모를 등잔이
그곳엔 있을까

슬픔 한 올
- 초록비타민의 서러움 혹은 · 34

누구의 가슴에나 떠도는
그런 바다 말고
누구네 집에나 있는 그런 가재도구 말고
누구에게나 찾아와
몸살 앓게 하는 그런 계절도 말고
누구나 품어 안을 수 있는
그런 여자 말고

빛나고 싶어 출렁이는 물결이 아닌
날카롭고 싶어 스스로 베이는 칼이 아닌
권위롭고 싶어 굳어버린 낱말이 아닌

보석 같은 꽃잎
초록비타민의 서러움 혹은
뿌리의 슬픔 한 올

두두리춤*

여보게!
자네 등걸이 좀 빌려주게,
미역줄기 같은 아이들
싱싱한 눈 속에 차마 들 수 없어
담배 불 구멍 난 등걸이로라도
허약해진 몰골 가리고 싶네

때로는 헛짚어
왼다리 감기로도 통하던
시절이 그리워
눈만 뜨면 솟아오르는 고층 건물과
물색없이 뛰노는 숫자판에 부딪쳐
힘없이 비틀거리는 모습
보여 주기 싫으이!

자고새면 벌어지는 도깨비감투 놀음에
기가 질리고
이해 못할 도섭 장단에

핑핑 까불어대는 이치를
헤아리기 힘들어
요즘 따라 하릴없이 헛짚어지는
부지깽이 다리로 걷자니
갈수록 세상은 수렁만 같아

웬일인지 하늘은 높아만 가고
땅은 허물렁 가라앉아
현기증이 나는 판국

자네 등걸이 좀 빌려 입고
두두리춤 서툰 춤사위나 한 판
벌려 볼까 하네
자네도 나오게
나와서 함께 추어보세나

* 두두리춤 : 도깨비 춤.

2부

사랑, 그 낡은 이름이

동침
- 초록비타민의 서러움 혹은 · 41

바다에서 보면
뭍도 섬이다

내겐 그가 섬이듯
그에겐 내가 섬이려니

바다와 뭍
오랫동안 서로 할퀴며 휘날리고
여전히 살 섞으며
바람 한 가운데서 멀미를 앓고

그와 나
상처를 덧나게 했던 아픔들이 벗어놓은
허무의 껍데기를 깔고 누워
여전히 살 섞느라
살앓이만 무성하다

오늘밤도
반짝이는 슬픔 내 곁에 앉아있고
바다는 오랜 침묵 끝에
마음의 불을 끄고 눕는다

깊고 깊은 밤

그리움 몇 타래
시누대 밭에 풀어놓고
난蘭 두어 포기 심어 가꾸는
수묵화

알몸으로 부셔놓은 백자 항아리에
고여 넘치는 달빛

쑥국새 울음소리 휘감기는
달밤 어딘가에서
산목련 꽃잎 지우고 있다

일몰의 바다에서

내려 앉는구나

스미는구나

사라지는구나

넌 알고 있었구나
깃 접는 새의 죽지에
꽃 지는 아픔같이 내려앉는
사람 그리운 그 병을

파도야 넌 알고 있었구나

전설

1
털실로 무늬를 넣어
세월을 엮는 여인의 손가락 사이에서
새실 새실 피어오르는
아릿한 날들

해묵은 초롱에 전설을 밝히면
학鶴의 날개를 짜던
내 사유의 실 끝은
강물이 되고
비단 수건에 들여진 얼룩을
밤새도록 비누질하여
헹구어낸
새벽

그렇지
그는

이렇게 외로운 이야기를
두고 갔지
서러운 입김이 서린 비단수건을
남겨두고 갔지

2
눈길 주는 곳마다 윤이 흐르고
강물의 회귀로 열려오는 뜨락에서
풍성한 식탁에 초대된 바람
바람결에 이우는 꽃잎을 띄워
건배하는 술잔에 떠도는
신기한 구름
구름 속에서
문득 당신의 귀한 웃음을 보는
여인의 속눈썹에
이슬로 맺히는
내일

그렇지
찬란한 해후의 약속을
그는
내 뜨락에
묻어두고 갔지

피리 · 나로 하여금

나로 하여금
당신의 입술에 매달리는 구슬이게 하시든지
당신의 귓가에 맴도는 바람이게 하시든지

대나무이게 하시든지
갈대이게 하시든지

기쁨이게 하시든지
슬픔이게 하시든지

한 마리 피리새이게 하시든지
한 송이 이슬꽃이게 하시든지

사랑이게 하시든지
자유이게 하시든지

당신의 무엇이든 되게 하소서

아아
당신의 피리가 되게 하소서
나로 하여금

피리 · 누구인가

누구인가
내 이름을 부르는 이
저 깊디깊은 영혼의 끝 간 데까지
따라오는 이
가뭇한 목숨으로 이어온 나날들
죽음까지도 끌어내어
한 소절로 엮어
휘저어 놓는 이

누구인가
내 잠을 잡아 흔드는 이
저 맑디맑은 고요 밑바닥까지
긁어내는 이
중천쯤 떠 있을 달을 담그고
갈대숲 별빛으로 괴어 흐르는
이승의 꿈까지도 거두어
한 묶음으로 묶어내는 이

내 흙발 닦아주는 이
무섬 타는 영혼을
멀고 먼 저 들 밖에
외롭게 세워 두는 이
삼세무명三世無明을 관통하는 빛으로
무릎까지 차오른 세상을
씻어 건져내는 이

삶의 원론
－ 초록비타민의 서러움 혹은 · 3

인생론人生論의 원서原書를 읽으러
바다에 간다

열어놓은 넓은 책장마다
수만 비트의 기록들이 내장된
바다는 삶의 원론原論이다

갖가지 상형문자로
온갖 몸동작으로
읽어낼 수 있는 만큼은 펼쳐 보이고
나머지는 묻어두고 있다

파도의 갈피갈피 묻힌 뜻을
깨닫기 위해
깊은 심중에 쟁여있는
지혜의 초록 비타민
그 푸른 옷을 얻어 입기 위해
바다에 간다

넘치지 않음은
– 초록비타민의 서러움 혹은 · 49

끝없이 넘어지며
뜨겁게 일어서는 바다

우리가 닿아야 할 푸른 시간들이
거기에 모여 출렁이고 있다

높이 높이 솟아오르는 꿈도 잠재우고
끓어오르는 혈압도 끌어내리고
낮게 낮게 속삭이며
때로는 불끈거리며,

절망할 줄도 알고
부서질 줄도 아는 바다

그러나 바다가 넘치지 않음은
언제나 가장 낮은 곳에
몸을 두기 때문이다

공수골

우연찮이 건너다 본 앞산 비알
흐드러진 참꽃에 눈 바시어
슬몃 눈길 비키던
내 열 여덟의 봄
금마 아재의 허연 수염 끝에 매달리던
참꽃 이파리

질기내미 재를 질러 넘어와
진흙발로 밟아 내리는
진박골 고랑에
문디이 가시나 앓아눕게 하는 봄 열병
어느새 큰 재까지도 번져
전다지 꽃 바다
전다지 불바다인기라

큰거랑 내리막에 걸린 하늘이
왠지 마뜩찮아 치떠보면

거북바위 기름청석을 기어오르는 노을
꽃 더미에 옮겨 붙어
당거리 고목 위에서도
활활

어매 무시라
온 데 가리잖고 불 질러대는
이 봄을 우얄끼고

털썩 뭉개 앉은 꽃바람에
그 해 봄 내내 타던 내 속 같은 늠이
치맛단 얼룩이 지워지지 않아
속 짜증만 느는갑네

용문사 은행나무

수염 허옇게 날려 산신령 같은
할배 한 분이 계시는 용문사에 갔더니
울퉁불퉁 불거진 괴목들까지도
불경을 외우고 있었는데
다람쥐에게 수염 끄달리면서도
허허 웃고 계시는 할배께서는
수 천 수 만 개도 넘는
가지를 돌보고 계셨는데
가지에 걸려 넘어지는 바람들까지도
일으켜 세우고 계셨는데,

봄이면 연두 빛 속잎에
낡은 꿈 닦아 틔우시고
가지마다 수없이 많은 사연들을
주렁주렁 걸어두고 계시는 할배께서는
하도 오래여서 아득한 나이는 챙기지 않으시면서
해마다 잎 지우기 전 한 번쯤

활활 타오르는 멋은 챙기고 계셨는데,

천년도 넘는 어느 아린 아침
지친 걸음마다 떨구던 태자(麻衣太子)의 눈물을
이슬로 꿰어 품어 안으시고
세상사 휘젓던 지팡이 꽂아두고 떠난 자리
가래 삭힌 대사(衣襲大師)의 헛기침 소리까지도
실바람에 엮어두고 계시면서
가뭄으로 타던 어느 해 불볕 여름
시들어버린 실뿌리도
골골 마다 물 붓던 장마에
패여 내려간 살점과
뜯겨진 옷자락까지도 여미고 계셨는데,

숲 속의 나무와 풀 냇가의 바위들
돌아오지 않는 새들의 이름까지도
낱낱이 기억하고 계셨는데,

세 치 혀, 한 근도 못되는 심장
161㎝의 짧은 키로 부대끼면서
애기똥풀 꽃대 부질러 받아낸 노란 즙으로
세상 때 지우는
나를 내려다보고 계셨는데,
온통 풀꽃 중에서도 가장 못생긴
나까지 내려다보고 계셨는데,
한 마디 말씀도 없이
다만 서 계셨는데,
수 천 수 만 개도 넘는 가지들이
수 천 수 만 개도 넘는 회초리가 되어
나를 후려치는 것이었다

물의 나라 새벽
- 초록비타민의 서러움 혹은 · 56

뼈 속에도 바람이 부는
수탈의 도시에서
폐기 처분된 희망이 아직도 살아남아
새벽 출항을 서둘러댄다

탈수된 목숨을 바닷물에 적시는
소금밭 위
한 줄의 시
한 움큼의 진실을 위해
헛것들을 증발 시킨다

해체된 그리움을 복원하는
집 한 채

실종된 문패를 달고
새벽을 여는
물의 나라

나의 사랑은

고작 키스로 고백하다니
말도 안 돼
영혼이어야 해

홀소리와 닿소리 혹은,
가로와 세로 속에
갇힐 순 없어
자유야 사랑은

차라리 침묵이어야 해
빈 봉투 가득 채운
그리움으로 남는 한
잊지 못해

시詩일 수 없어
언제나 본론으로 살고자 하는
내 영혼의 빈칸에

말없음표로 살고 있는
나의 사랑은

텃밭에 몰래 심은 양귀비야
드러낼 수 없는 벅참이야
말할 수 없는 슬픔이야
감추어 두고 싶음이야

사랑, 그 낡은 이름이

저냥 스산한 가을 길에서 길 떠난 한 사람을 만났다
억새밭이 내려다보이는 가을 문지방에 걸터앉아 우리는
사랑한다는 말에 대하여 오래 이야기했다

사랑한다는 말이 얼마나 모자라고 진부한가
때로는 얼마나 불안정한가에 대하여
그러나 그 순간에
그렇게라도 말하지 않으면 안 되니까
달리 표현할 말이 없으니까
속마음을 전하기 위해
낡고 오래된 도구를 사용하는 거라고

그렇다
사랑한다는 말을 진부하다는 명분으로
교묘히 빠져나가는 헛된 모순
그럴듯해 뵈는 그 명분이
사랑한다는 말보다 더 헛되고

낡은 도구보다 더 쓸모없다

바람이 불면 쓸쓸하다고 말할 수 있어야 하듯이
사랑한다는 말을 하고 싶다
그리고 듣고 싶다
그것만이 추위타는 나를 따뜻하게 데워줄 수 있기에
그 낡은 도구를 찾아서
함께 쓸 누군가를 찾아서
나는 또 황망히 길을 떠나야겠다

봄 예감

꽃마차가 방금 도착했다
딸랑딸랑 방울을 흔들어대며
그래, 그이는
발그레 웃는 내 모습을 좋아 했어
여자냄새 솔솔 풍기는
떨쳐입은 진솔의 치마폭
씨앗 냄새 폴폴 나는
유혹의 보조개, 발그레한 웃음을 나는
웃어 보여야 해

꽃이 지는 날
속살 깊이 챙겨 넣은
씨앗 몇 톨
그 영그는 아픔에 숨을 거두어버릴
봄날 꽃 더미 둘레에 벌써부터
묘혈을 파는 빛살
내 화려한 예감을 무너뜨리며, 무너뜨리며

장례식에 쓸 꽃들을 가득 실은
꽃마차가 막 당도하고 있어
딸랑딸랑 조종弔鍾 같은 요령을 흔들며

3부

$2H_2 + O_2 = 2H_2O$

나무로 지은 집
   - 나는 아직 사과 씨 속에 있다

허름하지만 믿음직한 모습으로
도드라지지 않으면서 분명히 존재하는
집 한 채 짓고 싶다

바닷바람 촘촘히 배인 해송을 베어
결 살려 속살 희게 깎고
짭짤한 세상살이에
적당히 소금기 밴 모습으로
확실하게 받쳐주는 정신의 무게를
묵직하게 얹은 대들보
알맞게 굽고 둥글어서 줄기줄기 엮어내는
서까래며 추녀며
하늘이 내려와 물결 짓는 집

굵은 **뼈**대 일으키는 곧은 기둥 세우고
배흘림기둥이라면 더욱 좋을
넉넉한 집 한 채

자라나는 어린 것들
등 따습게 다독여 줄
송진내 감도는
나무의 집

목수의 아내

아침마다 아내는
공이 박힌 소나무 도마 위에
생포된 일상을 올려놓고
무른 살 속의 뼈를 발라낸다

아침마다 아내는
때 절은 문설주에 기대어 서서
어제 세운 굽은 기둥을
뽑으라고 한다

아침마다 아내는
연장주머니를 챙겨주면서
곧은 못을 단단히 박아야 한다고
속삭인다
그리고 밤마다
은밀하게
무념의 집을 짓는다

삶의 중심으로 떠나는 여행

여행에서 돌아온 그 자리에서
또 다시 시작되는 여행

깊이를 알 수 없는
내 우수의 샘가에
삶의 안자락 담그는
그대

껍질 두꺼운 꽃씨 품고
앓는 계집의
텃밭
허무의 밭이랑에
개간의 곡괭이 내리꽂는
든든한 사내

쌓인 치정 헐어내는
빈 계절의 신 새벽

펄펄 끓어오르는 사내의 정액을
받아든 손 모아 쥐고
처녀의 살 속 깊이 심으러
삶의 중심으로 떠난다

아버지의 바다

바다는 끝으로만 물러서는데
뭍으로 기어오르는 살붙이들

여린 식솔들
벼리를 움켜쥔 손아귀에
지천으로 꿈틀대는 실핏줄
퍼렇게 살아
눈뜨는 목숨

투망질로 굳어진 근육
흰 뼈마디에 고인
짭짤한 눈물

뭍으로 떠난 자식들은
그물코를 벗어난 금빛고기인 것을

금빛으로 무너지는 바다에서

어둠에 잠긴 별을 건져 올리는
완강한 어깨 위
파도에 씻긴 맨 살갗은
노상 출렁거리고
글썽이며 다가서는 식솔들
한사코 일어서서
더 멀리 그물을 던지는
아·버·지

사철감기
– 살앓이 · 15

가짜가짜가짜가짜가짜……
'나'라는 물건마저 가짜라는 것을
진짜로 알게 된 날
아침 밥상에 서리로 내리던
아버님 말씀
서른아홉이 되면 서른여덟에 할 일을
못하고 마느니라

실패실패실패실패실패……
실패하기 위해서 시작하는 것처럼
거듭 시작하기를 밥 먹듯 하다 보니
무릎에 박힌
공이만 튼튼해진 어느 날
갑자기 썰렁해진 계절
옷 속으로 파고들어
가슴속까지 찌르는
가시로 남다

청솔가지 타던 연기 속에
삭정이 같던 어머니
한 생애 허물어 빈잔 한 개 빚고

늙으면 죽어야지
사람의 궁리 하늘에 닿지 못함을
헤아리시던 할머니
엉겅퀴 같던 그 손끝에서
속 깊은 토장국 맛 우러나던 것을

비로소 한숨 돌리는 중턱에 올라
넘어지던 자리마다
벗어 놓았던 허물
켜켜이 들추어내는 손끝

펄럭펄럭펄럭펄럭펄럭……
온몸이 깃발이 되고 싶어

그물코 터진 자리에서
더 오래 머물며
구멍 난 자리
촘촘히 깊다

장작패기
- 나는 아직 사과 씨 속에 있다

데모가 있는 날 아침
전경이 된 큰아들과
대학생인 작은 아들을 배웅하며
대문에 선 어머니의 가슴에선
쿵쿵 장작 패는 소리가 난다

내려치는 도끼의 자루가 된 형과
쪼개지는 장작이 된 아우

같은 민족이
남과 북으로 나뉘어 장작을 패고
같은 가족이
노사勞使로 나뉘어 장작을 패고

아무도 몰랐다
우리 중에 누가 도끼자루가 될지
누가 장작이 될지

아무도 원치 않았다
도끼자루가 되는 일도
장작이 되는 일도

우리 중에 누구는
- 나는 아직 사과 씨 속에 있다

우리 중에 누구는
쇠 날을 싸잡아 힘 잡아주는
대패가 되고
우리 중에 누구는
대패 날에 깎이어 반들반들
모양새 갖추어 다시 태어나고
우리 중에 누구는
쇠 날과 대패 사이에서
대패 밥으로
으스러지고 말기도 한다

살앓이 · 후회

또 그러고 말았구나
한 발자국 내딛기 전
한 걸음 뒤로 물러나 보면
알게 될 것을

헛된 나이 내세워
허물어질 줄 모르고
모든 것이 금빛으로 빛나보이던 계절
더 멀리서 들리는 소리만 밝히던 귀

달려가는 바람 앞에서
속수무책으로 무너지고 마는 것은
별도 뜨지 않는 장마철에
일손마저 놓고
그물 한 틀 엮어내지 못한 탓

움켜쥘 아무 것도 남기지 못한 채

부끄러움만 쌓여
문패로도 쓰이지 못할
이름 석 자

살앓이 · 통증

살앓이의 통증이 너무 심해서
밤새도록 끙끙 앓다가
끙끙 앓으면서 눈물 밴
잠 속을 헤매다가
퉁퉁 부어 있는 아픔을 들여다본다

통증 속엔
아직도 서늘한 바람이 불고 있어서
창문이 흔들리곤 한다

창이 흔들릴 때마다
누군가, 너무나 아파서 걸어 다니면서도
신음 소리를 내는
내 아픔을 가만가만 만져 줄 그 누군가가
오고 있지나 않나 해서
슬픔을 잠시 멈추곤 한다

등 하나 켜 들고 내 아픔 속으로 들어와
등허리며 심장이며 열에 들뜬 이마며
근육통의 어깨를 어루만져 줄 누군가가,
젖은 눈시울을 닦아 줄 누군가가
행여 오고 있지나 않을까 해서

살앓이 · 편두통

내 머리통 속엔 새 한 마리 살고 있어
날카로운 부리와
음흉한 눈매
핏발 선 음모의 새 한 마리

온갖 바람 소리 들끓는
때로는 별도 내려와 앉는
신경의 나무
푸른 잎 그늘 속에
몰래 둥지 틀고 숨어있어

족쇄 채워진 걸음걸이
철거딕거리는 콘크리트 벽 사이
발뒤꿈치를 쿵쿵 울려대며
따라오고 있어
따라오며
어두운 바람벽에 머리 부딪고

솟아오르는 사유思惟 한 덩이
그 벌건 속살을
콕, 콕, 콕,
쪼아대고 있어

팡이네 집

빛이 들지 않는 눅눅한 응달에
습진 음지에
흐르지 않고 고인 물 웅덩이에
뒤틀린 생각으로 자란 손톱 발톱 새
게으름의 딱지 아래
그림자도 없이 터를 잡는
팡이네집

번듯해 뵈는 양심의 속주름 사이에서
설익은 풋것의 꼭지
시금털털한 혀 아래서
향기로운 식탁의 수북한 접시 아래서
믿어라 믿어라 강요하는 말 믿고
어수룩하게 잠들어 있는
믿음의 방 커튼 뒤에서
거짓말 같은 집을 짓고
새끼 치는,

권력의 금박명함

보이지 않게 끼워 넣은 줄 사이에

철석같이 믿었던 이름의 비밀 수첩에

높은 의자에 앉은 신사의 안주머니에

이서하지 않은 수표의 뒷면에

들녘보다 크게 지은 욕망의 창고에

'빛과 소금'의 '과'자에

빛깔 고운 죽음을 예고하는

곰·팡·이

빈처

장바구니에 담긴 삶의 무게를
가늠해 내는 슬기로
야위어 가는 나날

허술한 골목마다 손을 내미는
가시로 사는 사람들과
흥정을 시작한다

형광등 불빛 같은 아이들 뒤에서
반짝이는 비늘을 벗겨내다가
찢겨진 남루를 기워 나간다

밤마다
보채는 아이를 달래며
푸성귀 밭에서 별을 따 담아도
소쿠리 사이로 흘러내리는
구멍 난 시간이여

$$2H_2 + O_2 = 2H_2O$$

산소 같은 여자와 수소 같은 남자
둘이 만나 물이 되었다
상큼한 꿈과 투명한 힘
고운 꿈의 처녀와 폭발하는 힘을 가진 총각
제각각 다른 이름으로 아득히 떠돌다가
어느 바람 부는 날
부딪쳐 소리 내고
부딪쳐 빛을 내면서
서로 뭉쳐
스미고 섞이면서
씻어주고 품어주면서
하늘에도 같이 오르고
선인장 가시에도 함께 이른다
엉기지 않았던들
한 여자와 한 남자로
각각의 미립자 너와 나로
꿈 없는 꿈과 힘 없는 힘으로

무의미의 세포로 떠돌았을 것을
운명의 어느 날
푸른 여자와 뜨거운 남자가 만나
물이 되었다

물이 되어
구름 위에서도 살고
꽃잎에서도 머문다

꽃의 자서전

그물

그대 손금이
내 생애 얽는 오랏줄 되어
삼 줄 질긴 인연으로
내 발목 묶이고 싶네

그대 가슴에 박힌 서러운 가시
내 눈물로 뽑을 수 만 있다면
그물 속에서 버둥대는 은빛 물고기 되어
꺼이꺼이 울어 쌓는 강물 되어 흐르겠네

잠 못 이뤄 마른 몸뚱이
깊고 긴 꿈에서나마
한 그루 나무로 마주 할 수 있다면
내 생애 한 귀퉁이를 잘라내어도 좋겠네

그대 터진 상처에
내 살점을 보탤 수 만 있다면

어디 한두 군데 흔적이 아니고
온통 한 덩어리의 아픔이고 싶네

꽃을 위하여

그토록 눈부신 웃음을 보신 적 있으신가요?
온갖 부끄러움을 무릅쓰고
벌겋게 색이 오른 자궁을 활짝 열어
몽땅 취하게 하는
그토록 처절한
유혹을 받아보셨나요, 귀하는?

누구나 그 안에 들어가
씨방을 차리고픈 아름다운 함정
추위와 더위를 가시불로 고아먹고
길고도 먼 겨울 끝의 벼랑에서
봄을 노려 달아올라야 하는
그토록 혹독한
절망의 잔을 받아보신 적 있으신가요?
귀하께서는?

중년

이름만 들어도
아름다운
병이 들고 싶어

풀섶
어디메쯤
가을벌레 한 마리 기르면서
더듬이 끝으로 오는
새벽

찬란한
이슬로 맺혀
꽃의 심장을 무너뜨리는
햇볕에 찔려
아프게 죽으리니

이름만 들어도

향기로운
들꽃이고 싶어
떨려오는 바람결에
말갛게 살다가
시샘 없는 빛깔로 남아
꽃잎이던 기억마저 버리고
밤마다 승천하여
별이 되리니

연등

그대,
허공에
씨앗 하나 던지신
당신이여

무엇이 되게 하리
바람으로 와서
바람으로 가는 것들

더러는 바다로 가고
더러는 어둠으로 남더니

어디쯤에선 파도로 일렁이고
어디쯤에선 들꽃으로 피어나는
작은 목숨들

바다는 늘 하늘과 맞닿아
바람을 일구고

어둠은
언제나 새벽 언저리에 머물며
이슬을 빚나니

이제는 알 것 같은
당신의 말씀

내 생애 가장 깊은 곳
거기, 씨방을 열면
사십 넘어 지은
베옷 한 벌

이제쯤
나의 어디쯤에서 돋아나는
풀꽃 같은 소망

나이테 둘레에 등을 밝히리라

이올리안 하프가 있는 창가에서

이올리안 하프가 있는 창가에서
따끈한 차 한 잔을 앞에 놓고
우리가 가야 할 먼 길을 생각합니다

차가 식지 않는 거리에
당신을 두고 싶어서
남몰래 죄를 짓곤 했습니다

잔 바람결에도 온몸이 저려
저 혼자 우는 현 위에
닿기도 전에 살아나는
당신의 손길

숨소리마다 실려 있는 목숨을
가닥가닥 풀어 헤며
떠났다간 되돌아오곤 했습니다

이올리안 하프가 있는 창가에서
따뜻한 차 한 잔을 앞에 놓고
우리가 가야할 먼 길을 생각합니다

사랑은 꽃몸살

사랑은
아름다운 꽃몸살

무지개 빛깔의 말씀에 앓는
가슴 언저리

햇빛에 곪아터진 상처에
날아와 박힌 은화살

때로는 슬픔처럼
그 곳이 아파오는
사랑은
아름다운 꽃몸살

고산죽
- 초록비타민의 서러움 혹은 · 11

갖고 싶었네
보길도 같은 익명의 섬 하나 쯤
나대지로 누워있는 빈터
묵밭 일궈낼 내연의 섬 하나 쯤
찬바람만 들이치는
내 생애의 깎아지른 해안
그 끝없는 기다림을 붙들어 맬
심지 푸른 사내 하나 쯤
숨어서도 곧은 고산죽 한 그루
가꾸고 싶었네

목탁이 된 나무
- 나는 아직 사과 씨 속에 있다

껍질도 벗고
깎이고
두드려 맞아도
목이 컬컬했다
똥물을 마셔야
청이 튼다더니
내 속에 든
똥 찌꺼기 비워내느라
파내고 후볐다

조금씩
목이 맑아지기 시작했다

아하!
속을 다 비워내고서야
득음 할 수 있구나

첼로가 된 나무
- 나는 아직 사과 씨 속에 있다

'아제신의 죽음'을 연주할 때마다
내 목숨의 장송곡을 듣는 듯
목숨 베이던 기억 새롭다

톱질과 대패질……
함께 고통 받는 전나무를 보면서도
동반의 아픔을 확인할 뿐

서로가 아무런 도움도 위로도 되지 못하는
속수무책의 나, 단풍나무는 사라졌다

계속되는 끌질과 칼질
죽음을 희롱하는 담금질
수많은 아픔 끝에 우리는 결합했고
'첼로'라는 이름으로 다시 태어난 후
가끔씩 우리가 겪은 고통을 말하듯
온몸으로 〈무반주 첼로곡〉을 연주한다

그리하여,
온 산을 물들이던 내 붉은 끼와
수려한 모습을 자랑하던 전나무의 녹색기가
소리로 일어서고 있다

겨울섬

안개 속을 걸어 나와
달무리를 독차지하는 곳

마지막 술잔 바닥에
가라앉아 있는 곳

기억의 건너편 플랫폼
시들어가는 라일락 냄새가 나는 곳

같이 떠나
혼자 닿는 곳

혼자되어
같이 있는 곳

갈망

향기로운 입술 그리며
꽃술 한 잔에도 취하는
아아, 넘치기를 기다리는
나는 빈 잔이어요

곱고 긴 울음 울고파
한 묶음의 바람에도 부대끼는
아아, 종지기를 기다리는
나는 종이어요

그대는 내게

그대는 내게
풍덩 빠져서 헤어나지 못할
슬픔 하나

너무나 소중하여
품안에서도 꺼질 것 같은
기쁨 하나

소리 나지 않는 아픔
알큰한 향기에 목이 메는
슬픔 하나 기쁨 하나

등나무 꽃 넝쿨 아래서

그토록 수많은 밤을
눈물로 지새웠어도
아직도 눈물로 지새워야 할
그토록 수많은 밤이 있어
나는 행복하다

그토록 수많은 등을 밝혀가며
힘겹게 먼 길 굽돌아 왔어도
아직도 등을 밝혀야 할
그토록 먼 길이 있어
나는 행복하다

꽃의 자서전

열 서너 살쯤엔
레이스 달린 드레스가 입고 싶었어요

스무 서너 살 땐
흑진주가 박힌 관을 쓰고 싶었구요

서른 서너 살 무렵엔
활활 타오르고 싶더군요

그러다 마흔 서너 살이 되니까
빨간 인주의 낙관이 갖고 싶어졌어요

쉰 서너 살쯤엔
서리에도 지워지지 않는 시 한 편 갖고 싶어요

그리고나서 또 다시 긴 꿈을 꾸며
당신의 꽃밭에서
목숨 곱게 용수 내리고 싶어요

5부

괴테의 과수원

안개

덮어 두게나
속세에 뒹구는 아랫도리

흰 설음
붉은 웃음도
조금은 감추고
더러는 잊으며
그냥 그렇게
먼발치서 보게나

가까이
너무 가까이는 말고
조금만 당겨 서게

나무가 나무로
바위가 바위로
그리하여 숲이 되듯이

나, 여기 한 떨기 꽃으로
그대, 저만큼 한 무리 그리움으로
그냥 그렇게
그러나
무심하지는 말게

유명한 무명시인

시인 초년병 시절, 한 선배 시인에게
'유명한 무명시인'이 되겠다고 말했었다
'니가 뭘 몰라' 묘하게 웃던 선배는 그 후
세상 속으로 들어가 이름이 주렁주렁해졌다

그 말이 씨가 되어
나는 지금도
'중견'이라는 수식어가 어색하게 붙여지는
은둔과 칩거의 무명시인이다 그러나 나는 이제
무명으로 남는 일이 훨씬 더 힘들다는 것을 안다
'무명'은 이루었지만
아직 유명을 이루지는 못했다

내가 한, 내 말의 약속을 지키기 위하여
이제 유명해질 일만 남았는데
어떻게 해야 유명해지는지를 몰라
나는 여전히 헤매고 있다, 하지만

주렁주렁한 이름 대신
시가 주렁주렁해 지는 일
더 어려운 그 일에 매달려 여전히
고집 부리듯, 변명하듯
세상의 변두리에서 쌉쌀하게 살며
아직도 덜 뜬 시의 눈을 뜨게 하려고
아직도 덜 뜬 나의 눈을 닦아내곤 한다

떼
― 초록비타민의 서러움 혹은 · 33

힘없는 멸치들 떼를 지어 이루어내는
커다란 군단 눈물겹다
멸치군단을 찾아나서는 고래
고래 눈치 보며 슬금슬금 뒤따라
줄을 잇는 참치 떼들

비굴한 웃음을 발라가며 몰려다니는,
요령부리며 양다리 걸치기 하는,
눈치껏 줄서기에 여념이 없는,
떼, 떼, 떼,…… 이름이 부끄러운 떼들
염치를 버리고 흘러 다니는 떼, 떼,
어디서 많이 본 꼬라지들이다

누구는 작은 손들을 모아
서로 괴고 기대어
커지는 법을 알고
누구는

큰 나무 밑에서 비 피하는
법을 잘 알아 활용하고,
살기위해서 몰려다니는 멸치도 고래도,
허명에 시궁창 냄새 풍기며 몰려다니는
누구도 누구도 다 함께
시퍼렇게 살아있는
목숨의 바다

고독 바이러스

고독은
키가 높은 시인의 가슴에 번지는
바이러스

어둠에 기대어 비틀거리는 세상
깨어서도 꿈을 꾸는
시인의 잠을 갉아먹는
고독은
꿈 높이에 매달려
어긋나는 관절마다
기름을 붓는 악성 통증

명치끝 혹은 늑골의 어디쯤에서
쐐기를 박는 고독은
혈관을 타고
뼈 속으로 살 속으로
전신을 파고드는
바이러스성 살앓이

유리문 중년
― 초록비타민의 서러움 혹은 · 45

파란 유리문을 밀고 들어선다
투명하게 빛나는 햇빛들이
지느러미를 털고 있다
산호 숲 물 그늘 아래
눈부신 시간들이 모여
빛의 알갱이들을 줍고
물살의 푸른 근육들이 서로 엉겨
유리琉璃 기둥을 휘감아 올린다

사십 넘어 다다른 언덕길
일단 정지!

바다가 보이는 언덕에 서서
모든 것을 정지시켜 놓고
바다가 여는 파란 유리문 안으로 들어가
인생의 한 나절을 조율하고 있다

단풍

백혈병이
차마 아름다운 줄
가을 산에 와서 알았다

빈혈 앓는 잎이
너무나 창백해서
한 생애가 다 들여다보였다

황산의 나비
– 초록비타민의 서러움 혹은 · 17

눈만 감으면 출렁거린다
김제평야의 드넓은 나락 밭 위에서
부황 뜬 시절을 지낸 유년을 살찌우던 가을이 출렁거리고,

초등학교 운동장보다 더 넓은 들판으로 나가
독쐐기 풀씨 받으며 타넘던
논두렁
잡풀도 그렇게 명命을 이어주던 한때의 시절이 출렁거리고,

양조장집 식구食口통에 줄 선 동네 사람들
 술지게미의 취기로 허기를 달래던 시절이 비틀비틀 출렁거리고,

 동리마을 성머리 아름드리 정자나무 아래 정갈한 모시옷 차림으로 나앉아 온종일 말없이 먼 하늘만 바라보시던 고성할배의 단아한 모습이 먼 바다 빛으로 출렁거리고,

김제金堤 읍내로 가는 재빼기 너머까지 춘자春子 따라갔던 어느 해 봄,

아지랑이 덮씌워진 산을 헤매다 진달래 한 아름 안고 벌겋게 꽃물이 들어 돌아온 어스름 저녁,

회초리 든 어머니의 눈빛마저 물들이던 꽃빛깔이 출렁출렁

노랑나비 봄꿈 꾸는 공자리 밭에 들어가 꽃 모갱이 꺾다 놓쳐버린 풋내 나는 꿈들이 부화한 황산黃山의 나비들,

지금도 가끔씩 나풀나풀 꿈에 나타나 노랗게 노랗게 빈혈 일으키며 사는 내 중년을 출렁이게 한다

그리운 섬 홍도

난 갈 테야
몸살 앓아 끓는 피 데리고

가서
들썩이는 파도 앞에
수줍음 깔아 펼치는
붉은 돌로 살 테야

날 갈 테야
가슴 두근거리는 곳이면
어디든 갈 테야

그리움으로 안겨 받치며
한 그루 섬 동백 되어
짓 붉게 살 테야

기다림으로 끓는 피 달래며

두근두근 살 테야

검푸른 가슴 내보이는 바다
그 바다 믿고 살 테야

멍텅구리배
- 초록비타민의 서러움 혹은 · 60

땟국 낀 손금 사이에서 출렁이는
바다의 길
눈먼 짐승이 되어
희망과 절망 사이를
수없이 오가며
업만 가득가득 실어 나르는
바지선

슬픔마저 마모되어 가는 슬픔에 잦아져
드디어 일궈낸 무심無心
누추하나 묵직한 추錘가 되어
바다의 무게를 가늠하는
몸 하나로
오늘도 그 바다 위
운명처럼 떠 있습니다

빈 섬 집
― 초록비타민의 서러움 혹은 · 46

바람 떠나 듯
사람들 바람 따라 떠나고
혼자 남은
빈 섬 집

파도소리 들어와 쉬었다 가고
울음소리 집세 삼아 살겠다는 갈매기
가끔씩 계약하러 들를 뿐

이승의 살림 꾸려
나 떠나고 나면
내 자리 누가 들어와 살까

바람, 파도, 햇볕······
아무나 들어와 쉬어가라고
안방이건 대청마루건 모두 비워놓고
초록 비타민까지 마련해 놓은

빈 섬 집

떠날 때처럼
바람에 이끌려 돌아올
안부 기다리며
오늘은
문짝까지 떼어낸다

홍도 · 슬픈여

자고 나면 물러서는
내 슬픔의 이수里數는
언제나 멀기만 하여
나는 그만 앉은뱅이로 주저앉는다

보낼 것 다 떠나보내고
굳어버린 육신은 꿈쩍도 않는데
지워진 모습들이 수시로 찾아와
덧난 응어리를 풀어내지만
늘 혼자서 바람 속을 떠도는
내 기다림의 전설은
날마다 바다로 뛰어들어
멎지 않는 물결만 일으킨다

그대여, 내 풍랑의 바다로
노 저어 오라
푸른 머리채 풀어헤치고 흐느끼는

내 슬픔은 아직도 갈기처럼 싱싱하여
그대의 목을 감고도 남음이 있어
기왕이면 그대의 밤까지 끌고 와서
내 단단한 슬픔을 떠밀어다오

홍도 · 주전자바위

아버지는 늘
아름다운 모습으로 취해 있으시다

빈 주전자를 들리운 채
등 떠밀려 내닫던
유년의 골목길엔
눈물이 그렁그렁

출렁이는 바다를
품어 안고 휘청휘청
출렁이는 세월을 노 저으시던
아버지

주전자 속의 꿈을 비워내고
바람 소리 가득한 허무를 채워가며
세상을 둥둥 떠다니시던
아버지는 오늘도

푸른 바다 위에 두둥실
빈 주전자로 떠서
눈물 그렁그렁한 모습으로
취해 있으시다

괴테의 과수원
― 초록비타민의 서러움 혹은 · 57

중년이 되어서야 알았다

부용芙蓉집 담 넘어 반월리半月里로 휘어지는 괴테네 과수원 탱자 울타리에 밤새 내려와 집을 짓고 등을 밝히던 별들은 날이 밝아도 떠날 줄 모르더니,

수밀도水蜜桃 익어가던 복숭아나무 아래에 앉아서 떠나버린 통학열차가 유강리 쪽 모퉁이로 돌아설 때 꼬리 흔들어 내던 기적汽笛 소리 들으며 두근두근,

늘 안부가 궁금한 괴테를 꿈꾸며 소설을 구상하던 소녀시절을 소설처럼 끌어안고 있는 덧없는 세월의 가시,

하얗게 하얗게 덮어주는 탱자꽃 구름처럼 일어나는 이 흔들림이,

가시에 찔린 상처에 접시꽃잎 말려 붙이던 추억이,

지병持病이 된 두통이,

모두 외로움이라는 것을

찻잔에 동동 떠오르는 쑥부쟁이 꽃잎차를 마시는

중년의 아침이 되어서야 알았다

괴테의 과수원엔 지금도 눈이 내릴까

6부

산호도시

그 오랜 이름 사랑에게
- 찔레꽃

그날 밤 꿈자리에 바늘이 부러지더군요
누비던 꿈 개켜 시렁에 얹어 버렸지요
믿고 싶지 않은 마음으로 돌아서는데 자꾸만 가슴이 따끔거리며 서늘했어요
그뿐이었어요

그런 대로 예사로운 날들이었지요
미열이 나는 날도 있고, 딸꾹질을 하기도 하고, 가끔씩 식은땀을 흘리는 정도였으니까요
사는 일이 다 그렇거니 했지요
헛손질도 하고, 돌부리에 채이기도 하고, 이따금씩 신경통에 시달리기도 하고…… 그러면서 꿈도 드물어지는 사람 사는 일

이제는 꿈도 꾸지 않는 내게 꿈같은 일이 벌어졌어요
시름시름 앓던 자리 걷어내고 일어나 바람이라도 쏘일까 거울 앞에 섰을 때 시렁에 얹은 꿈 자락을 걸친 여자가

거기, 오늘 아침 거울 속에 서 있었어요

누비다 만 바늘자국엔 핏물이 배어있고 여전히 알싸한 향기가 나더군요

믿기지 않는 마음에 돌아서는데 갑자기 심하게 따끔거렸어요

그날 밤, 부러진 바늘이 아직도 내 늑골에 박혀 있었던 거예요

사는 맛
 - 초록비타민의 서러움 혹은 · 31

산다는 게 뭡니까?
더러 실패도 해야 맛이지요
쓴맛 단맛만 어디 맛인가요?
눈물 콧물 범벅인 시고 비린 맛,
모두 맛이지요
그래서 바닷물이 짭짤합니다
에잇 풰! 풰! 풰! 싱거우면 맹탕
짭짤해질 때까지 기다리는 수밖에요

꼼장어, 새꼬막, 홍합, 세발낙지…… 닭똥집까지 구색으로
비릿한 바다의 전 벌린 요것들도
바다의 식구들 아닙니까 어디 고래만인가요?

쓴 소주 한 잔에도 바다와 대작하는
요 맛!
어디 고급호화판이 따로 있나요
슬픔 근처에 저려져서 오래 싱싱한 맛
이게 바로 세상사는 맛 아닙니까

빈손 펼쳐들고 돌아와
우짖는 바람소리 속에서
어쩌다 살아남은 희망들이
짠맛에 절여놓은 바다의 살이 되어
더 깊은 태풍의 늪으로 빠져들게 하지만
그게 진짜 사는 맛이라서
밋밋한 행복보다는
불행을 선택하는 이유이지요

큰소리 텅텅 치면 칠수록
그게 다 허풍이란 걸 왜 몰라요
달팽이관을 치며 심장에 이르는
기다림마저 없었다면
허공에 매달린 팔 놓아
목숨의 줄 끊어버리고
진즉 바다로 뛰어들었을 겁니다 아마

누구든 포로다
- 나는 아직 사과 씨 속에 있다

누구든 포로다
망상과 환상에 갇히고
일상의 쳇바퀴에 갇히고
멈추어선 관념에 갇히고
관념이 지어놓은
단단한 집의 벽 속에 갇히고
허물렁한 체면에 갇히고
갇혀있다고 생각하는 생각에 갇히고,

갇혀있는 누구나 다 포로다

제재소 옆을 지나며

속살의 아픔 한 가운데를 지나가는
톱날 소리를 들으며
한 생애를 뭉턱 뭉턱 잘라먹는
톱날 소리를 들으며
나이테 속으로 얇게 얇게 저미는
톱날 소리를 들으며
무너진 몸뚱이의 옹이를 파내는
톱날 소리를 들으며
죽지 못한 가지들을 쳐내는
톱날 소리를 들으며

바로 서게 하는 기둥으로
바로 눕게 하는 널빤지로

톱날에도 잘리지 않는
속살이 되어
톱날에도 잘리지 않는

생애가 되어
톱날에도 잘리지 않는
분노가 되어
톱날에도 잘리지 않는
옹이가 되어
톱날에도 잘리지 않는
산보다 높은 희망이 되어

한 그루 소나무로
한 자루 톱날로

바퀴가 있는 거리

  빵집 단란주점 옷가게 노래방 편의점 술집 통닭집 호프집……
  그리고 교회당 십자가에 걸린
  때 묻은 해

  주머니 속엔 동전 몇 닢
  구겨진 지폐 몇 장
  낙엽처럼 쥐고 있는 공복의 거리

  낯익은 그 거리
  텅 빈 골목길을
  오늘도 걷는다
  나와 그림자 둘이서
  빵집 단란주점 옷가게 노래방 편의점 술집 통닭집 호프집……
  그리고 여전히 십자가 위에
  남루로 걸린 해

그런데 아! 그 허기의 길 끝에
새로이 문을 연 자전서 가게

눈이 부시다
빛나는 기억들을 감아 걸고 달리는
허공을 달리는 동그라미들
녹슨 기억들을 깨운다

탈출을 꿈꾸는
살의 바퀴
겉늙어 굳어진 쳇바퀴 벗어던지고
튜브에 싱싱한 바람 채운다

탱탱해진 추억 몇 닢
갑자기 살아나
힘껏 페달을 밟는다

가을 기도

사랑 하나에
목숨 내걸고
반짝이는 깃 펼쳐들면
무성한 잎마다
엽록소 풍부한 바람 몰려와
뜨겁게 달구던 심장

한 계절
시름없이 보내고 나면
겨울 강 잔물결 소리
넘실대던 이부자리

지울 수 없는
눈물 한 방울도
못다 부른 노래도
그대 이름
다시 부를 수 없는
슬픔만 못해

말씀 하나에
온 생애 내걸고
땟국 흐르는 일상日常
남루한 목숨일지라도
늦과일 몇 개 익히고자
잎을 지우는 가을나무가 되면
가지 끝마다 가물가물 매달리는
부활의 소식

아픈 잠자리
푸새 반듯한 당신의 말씀 안에
자리 펴고 누우면
어느새
품안으로 파고들어
이불깃 여미는
그대의 손길

강우기降雨期

누군가, 저벅거리며
수세기 동안 지켜오던
밤으로 오는 이 있어

서리서리 휘감아 내리는
우기의 주춧돌 밑
이무기의 울음 밴
청태 사이
눅눅한 꿈자리

같이 아파하는 이의
이부자리 속으로 파고드는
그 여름의 장마에
젖는 잠

아침나비

행주에 닦인 투명한 아침이
거울에서 빛난다

식탁에 차려낸
사발 가득한 약속을 나누며
푸른 웃음을 날리던 가족들

닦을수록 윤나는 오지항아리에
샘물로 넘치는 한나절
추위를 견뎌 피워낸 꽃을 위해
거울로 날아드는
나비 한 마리

사랑으로 아파 오는 가슴에
새겨진 문신
매듭을 풀어내는 그 손길에서
더러는 시름도 풀리고……

햇살 한 보시기
거울에서 빛난다

이사

보따리를 싸다가
잠시 허리를 펴면
구석마다 먼지 낀 세월이 보인다

가난으로 얽어맨 세간 살아 숨쉬는
때 묻은 시간들

삐걱거리는 수레에 실려나간
푸르디푸른 젊음
그 골목 어귀에
삽상한 풀잎이 뛰노는 것을

햇볕 드는 창가에
키 작은 꽃들의 하루가 지나고
밤이면 도란도란
별이 뜨는 마을이던 것을

나이 사십에 이룬 가난이
눈물겨워

4월의 눈

4월의 산야에 눈이 내리니
진달래 우짜노

열어젖힌 창으로 밀려드는 꽃샘바람
누야의 봄앓이 우짜노

참 어매여
달무리지면 비 온다캤제
비 개이고 바람 자는 날 골라
씨 뿌려 주이소

갈무지한 땅에
쟁기골 깊이 만들어
씨 뿌려 주이소

야생화

기억해주지 않아도 그만인
이름으로

일상의 변두리에서
어쩌다 생각나는
모습으로

눈 여겨 봐주지 않는 시간 속에서
무심으로 피어나
언뜻언뜻 스치는
키 작은 꿈들

아슴아슴한 바늘귀에
추억을 꿰어
그대 가슴에 땀 땀
수를 놓는다

산호도시
- 초록비타민의 서러움 혹은 · 21

산호도시에 새벽이 오면
청소부 놀래미가 다시마 가로수 길을 쓸고 간다
환경미화원 박씨가
우리들 머리맡에 쌓인 새벽어둠을 쓸고 가듯
대기업의 엘리트사원으로 젊음을 쏟아 붓는 애들 삼촌처럼
등 푸른 고등어와 가자미들이 이른 출근을 하고 나면
게으른 배불뚝이 복어가 느릿느릿 집을 나서고
중소기업체를 운영하는 손사장이나 공무원 김씨
느긋한 출근길에
야간근무를 하고 돌아오는 공단근로자 순태 씨와 마주친다
상습적으로 병목현상이나 교통 채증을 일으키는
영등포 로터리나 남부순환도로 혹은 88도로에서
발을 동동 구르는 서울시민들의 짜증나는 아침처럼
산호도시 주민들의 아침도 분주하다
유난스런 디자인과 튀는 색깔의 무늬 옷을 걸치고

개성을 주장하는 X세대 물고기들
우리의 아이들 김건모나 투투 서태지와 아이들이 그렇듯,
분홍색으로 치장한 마오마오
밤만 되면 압구정동이나 방배동 카페거리의 오렌지 족처럼
눈부신 조명 아래 모여들고
미식가 꽃도미
플랑크톤만 먹는 편식증의 물고기들
뾰족한 무기와 독소를 지닌 지존파도 있지만
밤을 낮 삼아 불면의 시간을 보내는 시인들이나
혹은 적은 임금과 쥐꼬리만 한 수당에는 아랑곳하지 않고
잔업으로 땀 흘리는 근로자들이 초롱초롱 불을 밝히는
야행성의 주민이 있어 아름다운 산호도시,
해저타운 산호도시 산호거리에
오늘도 보이지 않는 질서의 하루가 피고 진다

용왕님전상서

용왕님, 제발 우리의 아이들을 용서해주십시오
그 녀석들, 이제 막 꽃피는 열여섯 열일곱 살의, 철부지들입니다

진도 앞마다 팽목항, 당신의 나라 맹골수도, 용궁의 문전에서 길을 잃은 녀석들을
용왕님께서 볼기 한 대씩 철썩 붙여서 돌려보내주십시오
돌아와 할 일이 많은 놈들입니다
돌아와 대학도 가야하고, 이 나라도 끌고 가야할 놈들입니다
아직 철은 덜 들었어도 이제 막 꽃을 피우려고 하는 꽃송이들입니다

때로는 부모속도 썩이고, 때로는 친구들과 다투기도 하고, 때로는 공부시간에 카톡도 하고, 때로는 선생님들 애를 태우기도 한 녀석들입니다
그래도 꿈은 야무져서 우리의 빈속을 달래주는 든든한

기둥들이라는 것, 아시잖습니까?

　용왕님, 이제 고만, 차디찬 물속에서 정신을 차렸을 것입니다
　그러니 제발 돌려보내 주십시오

　이곳에서 새끼를 잃은 어미와 애비들이 혼절하며 기다리고 있습니다
　누나, 형, 동생들과 친구들 그리고 대한민국이
　살점 떨어져나간 고통을 안고 기다리고 있습니다
　돌려보내 주시면 이제 저희가 혼을 내겠습니다, 저희가 야단치겠습니다

　때마침 예수님의 부활절 고난주간,
　노인과 장애인의 발을 씻기는 교황의 세족식을 보며,
　피눈물 나는 시간을 보내고 있습니다

용왕님, 제발 죄 많고 뻔뻔한 저희들을 용서하여 주십시오
저희들의 아이들을 용서하여 주시고,
이제 부디 돌려보내 주십시오
제발 기적을 보여주십시오

2014년 4월 19일
부끄러운 대한민국 국민 올림.

4월, 팽목항의 절규

아무리 상처가 보석이 된다지만
이건 아니다
우리는 지금
진주의 몸에 보석의 씨를 심은 게 아니다

생목숨을 물속에 처넣고
생 몸뚱이를 벌려
무지와 몰염치의 포크레인으로 까뭉개고 말았다

까뭉개진 파편들이 우리들 심장에 박혀
오래, 아주 오래 오래
함께 아프다, 아파야 한다

혹독한 얼음을 뚫고 피어난 겨울 꽃이
아무리 아름답다지만
이건 아니다
우리는 지금 탐욕과 사악함으로

얼음을 뚫고 올라오는 꽃송이들로부터
희망의 모가지를 뽑아버렸다

이제 우리는 사람 될 자격을 상실했다
이제 우리는 어른 될 자격을 상실했다
으깨어진 꽃잎의 마지막 향기 앞에
무참한 희망 앞에
무릎 꿇고 빌고 빌어야 한다
연자 맷돌을 지고
정신의 흰 뼈가 드러나도록 돌고 돌아야 한다

우리의 살점 떨어져나간 그 부두 바다 끝
4월의 팽목항이여!

2014년 4월 30일.

● 권천학의 시세계

살앓이 혹은 마음 낮게 내려놓기

유한근
(문학평론가 · 디지털서울문화예술대 교수)

　　권천학 시인의 첫 시집 ≪그물에 갇힌 은빛 물고기≫ (1987)의 해설 〈불교적 상상력과 존재 확인〉에서 나는 '존재 확인의 불교적 접근'이라는 소제목으로 불교의 육대상상력을 그의 시 해설에 대입시켜 설명했다. 또한 그의 시가 역사와 사회로 조용하게 확대해 나가고 있음을 탐색했다. 그리고 "시인 권천학을 연민의 시인이라 규정하면 지나칠까. 이 시집의 제목처럼 '그물에 갇힌 은빛 물고기' 같은 시인. 모든 것을 받아들이며, 절망도 분노도 사랑도 그 무엇도 안으로 삭일 줄 아는 바다를 동경하는 시인. 자신의 일상적인 삶을 결코 포기하지 않으며 그것으로부터 인간 존재를 확인하고 삶의 지혜를 획득하려 하며 절대 공간으로

자기존재를 확대시켜 나가려는 연민의 시인"이라 초기의 시인 모습을 그렸다. 그리고 27년이 지났다. 이제 그의 시에 대한 나의 평가는 수정되어져야 할 것이다. 혹은 더 첨가되어야 되어야 할 것이다. 이러한 부담감이 이 글의 전제사항이다. 27년 동안의 시인으로서의 삶. 그것도 독자에게 다가가기 위한 국면에서 '시선'을 통해 정리하고 있기 때문이다.

이를 위해 그의 이 시선詩選집 ≪유명한 무명시인≫에서 쉽게 감성을 자극하는 시 한 편을 읽었다. 그 첫 시집과 연장선상에 있지만, 좀 더 충격적이고 내가 첫 시집에서 담론했던 모티프와 먼 거리에 있는 시를 통해 그의 시 세계의 변모를 탐색하기 위해서이다.

> 총을 훔쳤다
> 가늠쇠가 떨어져 나간 훔친 총에서
> 화약 냄새가 폴폴 났다
> 탄두에 물이 스며들지 않도록
> 폐유廢油를 발라 두었다
> 그럴싸하게 탄띠에 해골 문양을 새기고
> 탄창 가득히 총알을 꼭꼭 장전했다
>
> 무료함을 덜기 위해
> 불법무기를 소지한 채

매연의 거리를 어슬렁어슬렁
너무나 조용하여 심상찮은 나날을 향해,
심심한 심장의 가운데쯤을 향해,
안전핀을 뽑고,
방아쇠에 손가락을 걸고
정조준

주머니 속에서 꼼지락거리던
실뱀이 눈을 떴다

양심이 근질거려 참을 수가 없었다

탕!
― 시 〈도덕 불감증〉 전문

  이 시의 제목이 〈도덕 불감증〉이다. '도덕 불감증'이라는 증세는 도덕을 초월했다는 의미보다는 도덕에 대한 어떤 반응이나 인식이 없다는 의미이다. 그래서 시인은 탄창에 총알을 장전하고 방아쇠를 당긴다. "심상찮은 나날을 향해/ 심심한 심장의 가운데쯤을 향해" 총알을 발사한다. "매연의 거리를 어슬렁어슬렁"거리다가 그 어슬렁거림의 "무료함을 덜기 위해" 정조준하여 방아쇠를 당긴다. 그러자 "주머니 속에서 꼼지락거리던/실뱀이 눈을" 뜬다. 그 눈을 뜬 실뱀은 양심이다. 그 "양심이 근질거려 참을 수가 없"어 "탕!"하고 끝내 쏜다. 이것이 이 시를 재구성한 내용이다. 눈을 뜬 양심이 실뱀이라면, 그 양심은 사악한 것이다. 양심이 사악하다는 가설은 위험하다. 치명적인 인식일 수도 있다. 그것은 총을 맞아도 마땅하다. 그런 점에서 이 시는 가설적이다. 시인의 양심이 무엇인가 또는 양심이라는 언어의 본체가 무엇인가를 묻게 된다. 이 그래서 이 시는 아이러니가 있다. 혹은 역설인가를 의혹하게 된다. 그렇다면 다른 시를 보자.

입덧하는 여자처럼
속이 메슥거렸다

남몰래 자라는
간통의 씨앗
자꾸만 작아지는 옷매무새를
끌어당겨
가장 부끄러운 그 곳을
가리고 싶었다

― 시 〈살앓이 · 위선〉 전문

시 〈삶앓이 · 위선〉은 짧고 낯설지 않다. "남몰래 자라는 /간통의 씨앗"에 관한 시이다. 간통은 그 누구도 잉태할 수 있다. 이미 원초적으로 잉태되어 있는 인간 본체의 한 모습일 수도 있다. 인간의 내밀한 곳에 똬리를 틀고 있는 존재일 수도 있다. 그런데 시인은 "자꾸만 작아지는 옷매무새를/끌어당겨/가장 부끄러운 그 곳을 /가리고 싶"다고 자백하고 있다. 그 자백은 양심적이다. 자연인으로서의 삶에서 가져야 할 양심이다. 시인의 삶에서 필수적으로 가져야 할 양심은 아니다. 이 말은 오해의 여지가 충분하지만, 문학이 인간 삶에 있어서 모반을 통해 반윤리적이어야 하는 이유는 인간 본체 해명에 그것들이 방해되기 때문이라는 논리라는 점을 인정한다면 다소 오해는 해소될 것이다. 원론으로 들어가서 시는 인간의 원초적인 감성을 추출해내서 인간의 본체를 해명하고 인간 삶의 본질을 밝혀내야 할 의무가 있다는 사실을 나는 문학을 시작한 후 지금까지도 수정할 생각이 없다. 사회생활을 하는 인간의 도덕이라는 그것은 어떤 때는 인간의 본성을 끌어내는데 방해가 될 수 있기 때문이다. 위의 시어인 '간통'을 예로 들자. 분명 간통은 범죄이다. 이는 법률적인 해석에 불과하다. 그리고 종교적 관점에서 볼 때도 그것은 분녕 죄이다. 그러나 인간적인 국면에서 볼 때 그것은 인간이 지니고 있는 본성적인 행위일 수도 있다. 그것이 동물적이라는 것이라고 매도되어도 그러하다. 이 점을 인식하고 시인은 이 시에서 '부끄러움'을 이야기하는 지도 모른다.

부끄러움의 미학? '부끄러움'의 사전적 의미는 "부끄러워

하는 느낌과 마음"이다. 그렇다면 '부끄럽다'의 사전적 의미는 "일을 잘 못하거나 양심에 거리끼어 볼 낯이 없거나 매우 떳떳하지 못하다"는 뜻과 "스스러움을 느끼어 매우 수줍다"라는 것으로 되어있다. 여기에서 '양심'과 '수줍다'는 언어에 주목할 필요가 있다. 이 양자는 죄는 아니다. 사는 데 있을 수 있는 일이고 불편할 뿐이다. 그리고 이것들은 인간이 가지고 있는 것들이다. 인간 자체의 것이다.

이 시의 제목은 '살앓이 · 위선'이다. 삶앓이가 위선이라는 의미로 이해해도 좋을 것이다. 그렇다면 간통이 위선이라는 의미를 함유하고 있는 것은 아닐까? 살앓이는 인간에 대한 그리움 때문에 생기는 병(?)은 아닐까?

> 누구, 나사 틀이 없어요?
> 흙탕물에 휩쓸려 떠내려가는 동안
> 녹이 슬어 굳어진 관절을 좀 풀어주세요
>
> 바짝 조여진 목숨으로
> 누구, 나처럼 숨 쉬기조차 힘 든 사람 있다면
> 내가 가진 송곳으로 뚫어드리죠
>
> 세상바다를 함께 건너는
> 동반의 구간 비좁은 통로에서
> 서로가 못이 되었던 시간을 지나

풀어진 나사 조여 주고
굽어진 못을 펴주면서
때로는 송곳이 되어
막힌 가슴 뚫어도 주고
망치가 되어
잘못 삐져나온 못대가리 두드려
확실하게 사는 방법을
못 박아주는
누구, 공이 박힌 손 좀 주세요
　　　　　　－ 시 〈사람이 그립다〉 전문

　시 〈사람이 그립다〉의 모티프 '송곳' '못' '나사' '망치'로, '목숨' '생명' 그리고 인간이 사는 확실한 방법에 대해서 말하려고 한 시이다. 이 시에서 시인이 필요한 것은 '공이 박힌 손'이다. 이 손이 "풀어진 나사 조여 주고/굽어진 못을 펴주면/때로는 송곳이 되어/막힌 가슴 뚫어도 주고/망치가 되어/못 삐져나온 못대가리 두드려/확실하게 사는 방법을/못 박아"줄 것으로 믿기 때문이다.

　그래서 "사람이 그립다"고 말하는 것이다. 그리고 그 손이 필요하기 전에는 "녹이 슬어 굳어진 관절을 좀 풀어"달라고 부탁하면서, "바짝 조여진 목숨으로/누구, 나처럼 숨쉬기조차 힘 든 사람 있다면/내가 가진 송곳으로 뚫어드리"겠다고도 말한다. 지금 시인은 '굳어진 관절' 때문에 괴로워

하고 있다. 그리고 '숨 쉬기'조차 힘들어하고 있다. 전자의 것은 '육체'이고 후자의 것은 '정신'이다. 몸과 마음이 피폐할 때 사람이 그리워진다는 의미를 이 시는 함유하고 있다. 이 시의 모티프인 '송곳' '못' '나사' '망치'는 은유구조를 위한 사물일 뿐, 혹은 생명과 목숨을 유지하기 위한 방편일 뿐이다.

이 시의 모티프와 같은 맥락에 있는 시가 〈목수의 아내〉다.

> 아침마다 아내는/옹이 박힌 소나무 도마 위에/생포된 일상을 올려놓고/무른 살 속의 뼈를 발라낸다//아침마다 아내는/때 절은 문설주에 기대어 서서/어제 세운 굽은 기둥을/뽑으라고 한다//아침마다 아내는/연장주머니를 챙겨주면서/곧은 못을 단단히 박아야 한다고/속삭인다/그리고 밤마다/은밀하게/무념의 집을 짓는다
>
> — 시 〈목수의 아내〉 전문

이 시의 경우도 '연장주머니'와 '못'의 역할은 시인이 말하고자 하는 바 '무념'이라는 모티프를 전달하기 위한 방편으로 사용하고 있다. 시의 흐름을 끌고 가는 사물인식을 통한 은유구조로 이루어졌지만 시인이 말하고자 하는 바 메시지에 도달하는 것은 불교적 상상력에 의해서이다. 불교에서는 '마음'을 중시한다. 불교는 마음의 종교다. 그래서

'무념'을 최고의 가치로 인정한다. 그것은 일상적인 먹고 사는 문제와 방편을 통해 마음으로 귀결시키고 있는 것이다.

그러나 인간을 피폐하게 하는 것은 '몸' 때문이기도 하지만 그보다는 마음 때문이다. 그 마음을 치유해주는 하나의 방법을 제시한 연작시 〈슬픔 한 올―초록비타민의 서러움·34〉에서 보여준다.

> 누구의 가슴에나 떠도는
> 그런 바다 말고
> 누구네 집에나 있는 그런 가재도구 말고
> 누구에게나 찾아와
> 몸살 앓게 하는 그런 계절도 말고
> 누구나 품어 안을 수 있는
> 그런 여자 말고
>
> 빛나고 싶어 출렁이는 물결이 아닌
> 날카롭고 싶어 스스로 베이는 칼이 아닌
> 권위롭고 싶어 굳어버린 낱말이 아닌
>
> 보석 같은 꽃잎
> 초록비타민의 서러움 혹은
> 뿌리의 슬픔 한 올
> ― 시 〈슬픔 한 올―초록비타민의 서러움 혹은·34〉 전문

위의 시는 슬픔의 치유성을 보여주는 아이러니적인 시이다. 슬픔은 비애의 정서이며 디오니소스적인 감성이지만, 그 끝은 로고스로 비상하는 첨단이 되기도 한다. 쉽게 말해서, 울고 나면 시원해지고 카타르시스 되듯이 슬픔은 양면을 지닌다. 우리가 나이가 들수록 쇠퇴해지는 것은 감성일 것이다.

요즘 사람들은 슬픔을 모르며 산다. 그리고 그것의 소중함을 잊고 산다, 시인은 그것이 곧 초록비타민이라는 사실을 제목에서부터 반어적으로 보여준다. "보석 같은 꽃잎" 같고, "초록비타민의 서러움"인 슬픔 한 올. 그것은 빛나지도 않으며 날카롭지도 않고 권위적이지 않지만 인간 본래의 것이다. 권천학 시인은 시 〈괴테의 과수원-초록비타민의 서러움 혹은·57〉에서도 "지병持病이 된 두통이,/모두 외로움이라는 것을"알게 되고, "괴테의 과수원엔 지금도 눈이 내릴까"를 상상한다. '외로움'과 괴테의 '눈'을 비타민으로 보는 것이다.

그리고 시 〈동침 – 초록비타민의 서러움 혹은·41〉에서는 "오늘밤도/반짝이는 슬픔 내 곁에 앉아있고/바다는 오랜 침묵 끝에/마음의 불을 끄고 눕는다"라고 노래한다. 이 시의 1연에서 시인은 "바다에서 보면/뭍도 섬이다//내겐 그가 섬이듯/그에겐 내가 섬이려니//바다와 뭍/오랫동안 서로 할퀴며 휘날리고/여전히 살 섞으며/바람 한 가운데서 멀미를 앓고//그와 나/상처를 덧나게 했던 아픔들이 벗어놓은/허무의 껍데기를 깔고 누워/여전히 살 섞느라/살앓이만 무성하다"고 토로한다. 여기서 '살앓이'는 생명의 표증이다. 그것이 상처의 아픔이든 허무이든 '살앓이'는 살아있음에 대한 증거다.

>끝없이 넘어지며
>뜨겁게 일어서는 바다
>
>우리가 닿아야 할 푸른 시간들이
>거기에 모여 출렁이고 있다
>
>높이 높이 솟아오르는 꿈도 잠재우고
>끓어오르는 혈압도 끌어내리고
>낮게 낮게 속삭이며
>때로는 불끈거리며,
>
>절망할 줄도 알고
>부시질 줄도 아는 바다
>
>그러나 바다가 넘치지 않음은
>언제나 가장 낮은 곳에
>몸을 두기 때문이다
>— 시 〈넘치지 않음은─초록비타민의 서러움 혹은·49〉 전문

시 〈넘치지 않음은-초록비타민의 서러움 혹은·49〉은 이 시 끝 연에 시인이 말하고자 삶의 지혜가 놓여져 있다. 이 시에서 '바다'의 은유적 의미는 인간, 인간들, 그리고 우리가 사는 이 세상이다. 그 '바다'는 "끝없이 넘어지며/뜨겁게 일어"선다. '푸른 시간들"이 모여 출렁이고", "솟아오르는 꿈도 잠재우고/끓어오르는 혈압도 끌어내리고/낮게 낮게 속삭이며/때로는 불끈거리며", "절망할 줄도 알고/부서질 줄도" 안다. 우리 모두는 그래야 한다는 시인의 메시지가 들어있다. 그리고 "바다가 넘치지 않음은/언제나 가장 낮은 곳에/몸을 두기 때문이"라는 것이다. 여기에 불교적인 삶의 인식론이 들어있다. 이 에세이의 서두에서 나는 권천학 시인의 첫 시집에 대한 서평을 말한 바 있다. 〈불교적 상상력과 존재 확인〉이 그것인데, 바다에 대한 새로운 인식을 통해 불교의 핵인 '하심下心'의 미학이 이 시에 있다. 마음을 내려놓으면 우리는 바다처럼 넘치지 않는다. 가장 낮은 곳으로 몸을 두기 때문이다. 욕심을 낮은 곳으로 내려놓았기 때문이다.

  세상은 인간과 인간은 인연으로 묶여져 있다. 그 인연에 따라 삶이 지탱되어지고 이루어진다. 그 인연을 끊을 때, 불가에서는 윤회의 사슬을 끊어 고해를 벗어날 수 있다고 하지만, 인간은 외로운 '섬'이 된다. 시 〈그물〉에서 보여주고 있듯이 우리가 사는 세상은 얽혀져 있다.

그대 손금이
내 생애 얽는 오랏줄 되어
삼 줄 질긴 인연으로
내 발목 묶이고 싶네

그대 가슴에 박힌 서러운 가시
내 눈물로 뽑을 수 만 있다면
그물 속에서 버둥대는 은빛 물고기 되어
꺼이꺼이 울어 쌓는 강물 되어 흐르겠네

잠 못 이뤄 마른 몸뚱이
깊고 긴 꿈에서나마
한 그루 나무로 마주 할 수 있다면
내 생애 한 귀퉁이를 잘라내어도 좋겠네

그대 터진 상처에
내 살점을 보탤 수 만 있다면
어디 한두 군데 흔적이 아니고
온통 한 덩어리의 아픔이고 싶네

― 시 〈그물〉 전문

시 〈그물〉은 인간과 인간의 관계양식과 그 속에서의 '사랑'을 모티프로 하고 있다. '그대'는 특정한 인물일 수도 있지만, 불특정한 사랑이나 사물일 수도 있다. 만물은 그물처럼 얽혀져 있다. 존재하면서도 관계양식을 통해 유기적으로 연결되어 있다. 그것들은 서로에게 상처와 슬픔도 주고 위로도 받는다. 그러나 시인은 아픔 때문에 그것으로부터 구속받기를 원하지 않는다. 인간이 그립기 때문일 것이다. 소통을 원하기 때문일 것이다. 꿈이 있기 때문이다. 디지털 시대에 단절된 채 살아가는 현대인들은 더욱 그러하다. 그들은 인간과 인간의 관계에서만 아니라, 관념이나 관습에서도 갇혀있다. 시 〈누구든 포로다-나는 아직 사과 씨 속에 있다〉가 그것을 말해준다. "누구든 포로다/망상과 환상에 갇히고/일상의 쳇바퀴에 갇히고/멈추어선 관념에 갇히고/관념이 지어놓은/단단한 집의 벽 속에 갇히고/허물렁한 체면에 갇히고/갇혀있다고 생각하는 생각에 갇히고,//갇혀있는 누구나 다 포로다"(시 〈누구든 포로다-나는 아직 사과 씨 속에 있다〉 전문) 이 시에서 "-나는 아직 사과 씨 속에 있다"라는 것은 사과 씨가 싹터 사과나무로 되어 갇힌 '포로'에서 해방될 수 있다는 꿈이 있음을 말하는 것으로 이해된다. 망상과 환상에 사로잡히고, 폐쇄된 관념 속 갇혀 있다는 것은 마음을 개방하지 못했기 때문이다. 열린 마음은 관계양식에서 필수적인 조건이다. 그것이 어떤 관계이든 열린 마음은 가능 지평을 준비하게 된다. 아름다운 시 〈단풍〉처럼 한 생애가 다 들여다보이더라도.

백혈병이

차마 아름다운 줄
　　　가을 산에 와서 알았다
　　　빈혈 앓는 잎이
　　　너무나 창백해서
　　　한 생애가 다 들여다보였다
　　　　　　　　　　　　　- 시 〈단풍〉 전문

　시 〈단풍〉에서 시인은 단풍잎을 "빈혈을 앓는 잎"으로 인식한다. 그리고 너무나 창백하기 때문에 "한 생애가 다 들여다보"이는 존재로 인식한다. 그래서 아름답다는 것을 깨닫게 된다. 시인은 마음을 여는 존재이다. 한 생애를 개방하는 사람이다. 자연인으로서의 삶과 시인으로서의 삶이 다른 사람은 진정 시인이 아니다. 일상적인 삶에 대한 감성과 지혜가 시에서 나타난 감성과 지혜와 다르지 않아야 천상 시인으로 남는다.

　　　시인 초년병 시절, 한 선배 시인에게
　　　'유녕한 무명시인'이 되겠다고 말했었다
　　　'니가 뭘 몰라' 묘하게 웃던 선배는 그 후
　　　세상 속으로 들어가 이름이 주렁주렁해졌다

　　　그 말이 씨가 되어
　　　나는 지금도
　　　'중견'이라는 수식어가 어색하게 붙여지는

은둔과 칩거의 무명시인이다 그러나 나는 이제
무명으로 남는 일이 훨씬 더 힘들다는 것을 안다
'무명'은 이루었지만
아직 유명을 이루지는 못했다

내가 한 내 말의 약속을 지키기 위하여
이제 유명해질 일만 남았는데
어떻게 해야 유명해지는지를 몰라
나는 여전히 헤매고 있다, 하지만
주렁주렁한 이름 대신
시가 주렁주렁해 지는 일
더 어려운 그 일에 매달려 여전히
고집 부리듯, 변명하듯
세상의 변두리에서 쌉쌀하게 살며
아직도 덜 뜬 시의 눈을 뜨게 하려고
아직도 덜 뜬 나의 눈을 닦아내곤 한다
― 시 〈유명한 무명시인〉 전문

 이 시 〈유명한 무명시인〉은 피 토하는 절규를 위트와 유머로 쓴 시이다. 이 시를 읽으면 천상병 시인이 생각나고 조병화 시인이 생각난다. 시 세계가 그들을 닮았다는 얘기가 아니다. '유명'과 '무명'이라는 언어에 대한 개념이 어떠하든 그 언어 트릭이 슬프고 재미있고 진솔하다. 조병화 시인은 시가 주렁주렁해서 이름도 주렁주렁한 시인이고, 천상병 시인은 유명시인인데 시 작품에 대한 평가가 엇갈린다는 점에서는 무명이라 할 수 있기 때문이다. 앞서 말한 바, 진정한 시인이나 천상병 시인처럼 천상 시인일 수밖에 없는 시인은 유명과 무명에 집착하지 않을 것이다. 그냥 시를 썼을 뿐이다. 누가 무엇이라 하든. 위의 시 구절처럼 "더 어려운 그 일에 매달려 여전히/고집 부리듯, 변명하듯/세상의 변두리에서 쌉쌀하게 살며" 자신의 내면적 모습을 '단풍'처럼 드러냈을 뿐이다. 권천학 시인처럼 "아직도 덜 뜬 시의 눈을 뜨게 하려고/아직도 덜 뜬 나의 눈을 닦아내"려고 온몸으로 치열하게 썼을 뿐이다. 어떤 사람은 치명적인 일상의 삶을 등한시하기도 하겠지만, 그는 그렇지 않고 일상적 삶을 지혜롭게 영위하면서도 진솔한 시를 썼을 것이다.

어떤 시인도 유명해지기 위해 시를 쓰지는 않는다. 유명해지기 위해서는 다른 일을 했을 것이다. 시를 쓰다 보니 유명해졌을 뿐이다. 시 그 자체가 유명인 것이기 때문에 그런 마음을 갖지 않는다. 그런 점에서 나는 권천학 시인의 시 〈유명한 무명시인〉을 유명과 무명이 하나임을 역설하고 있는 시로 이해한다. 곡비哭婢가 되고 싶은 시인에게는 더욱 그러하다.

빛나는 시 100인선 · 19
권천학 시선집

유명한 무명시인

초판인쇄 | 2015년 1월 21일
초판발행 | 2015년 1월 26일

지은이 | 권 천 학
펴낸이 | 서 정 환
펴낸곳 | 인간과문학사

주　소 | 서울특별시 종로구 삼일대로32길36
　　　　305호(익선동, 운현신화타워빌딩)
전　화 | 02)3675-3885, 063)275-4000
등　록 | 제300-2013-10호
e-mail | human3885@naver.com
　　　　inmun2013@hanmail.net

값 9,000원

ISBN 979-11-85512-32-7　04810
ISBN 978-89-969987-4-7　(전 100권)

* 저자와 협의하여 인지는 생략합니다.
* 잘못된 책은 바꿔 드립니다.

이 도서의 국립중앙도서관 출판예정도서목록(CIP)은 서지정보유통지원
시스템 홈페이지(http://seoji.nl.go.kr)와 국가자료공동목록시스템(http:
//www.nl.go.kr/kolisnet)에서 이용하실 수 있습니다.
(CIP제어번호: CIP2015002135)